BEI GRIN MACHT SICH IHR WISSEN BEZAHLT

AF130521

- Wir veröffentlichen Ihre Hausarbeit,
  Bachelor- und Masterarbeit

- Ihr eigenes eBook und Buch -
  weltweit in allen wichtigen Shops

- Verdienen Sie an jedem Verkauf

Jetzt bei www.GRIN.com hochladen und kostenlos publizieren

Theorien und Modelle zu Präferenzen im Rahmen von Verhandlungen. Beschreibung des Zone of Possible Agreement-Konzeptes (ZOPA)

GRIN

Bibliografische Information der Deutschen Nationalbibliothek:

Die Deutsche Nationalbibliothek verzeichnet diese Publikation in der Deutschen Nationalbibliografie; detaillierte bibliografische Daten sind im Internet über http://dnb.d-nb.de abrufbar.

ISBN: 9783346506818
Dieses Buch ist auch als E-Book erhältlich.

© GRIN Publishing GmbH
Nymphenburger Straße 86
80636 München

Druck und Bindung: Books on Demand GmbH, Norderstedt Germany
Gedruckt auf säurefreiem Papier aus verantwortungsvollen Quellen

Das Buch bei GRIN: https://www.grin.com/document/1133561

EINSENDEAUFGABE

Modul Kognition und Lernen

Alternative A

Studiengang: M.Sc. Psychologie

Modul: Kognition und Lernen

Abgabe am: 19.08.2020

Inhaltsverzeichnis

1 Präferenz-Modelle im Rahmen von Verhandlungen

Zweck dieses Kapitels ist es eine Übersicht darüber zu erlangen, welche Modelle zu Verhandlungspräferenzen Gegenstand der Verhandlungsforschung sind. Die Basis dieser Modelle wird in prägnanter Form durch die untenstehenden in der Literatur zu findenden Definitionen von Verhandlungen sowie Präferenzen gegeben.

1.1 Definition und Charakteristika von Verhandlungen

Weingart, Brett, Olekalns und Smith (2007) beziehen sich auf Lax und Sebenius (1987) und definieren unter einer Verhandlung eine soziale Interaktion in deren Rahmen zwei, oder mehrere Verhandlungteilnehmer, die sich in Konflikt befinden, sich durch gemeinsames Bemühen ein besseres Ergebnis erhoffen, als sich für sie ohne zu verhandeln ergeben hätte. Definitionsgemäß sind Verhandlungen Situationen mit knappen Ressourcen, auf die sich der Konflikt bezieht (Weingart et al., 2007). Thompson und Hastie (1990, S. 99) verstehen unter einer knappen Ressource „materielle Güter wie Geld und Rohstoffe, aber auch immaterielle Güter wie Services, Informationen, Rechte und Privilegien".

Voeth und Herbst (2015) fassten unterschiedliche Definitionen für Verhandlungen in der Fachliteratur zusammen und stellten fest, dass insbesondere fünf Merkmale charakteristisch für Verhandlungen sind: die Zielkongruenz, der Präferenzkonflikt, der Interaktionsprozess, der Einigungsraum und die Multipersonalität. Ein Präferenzkonflikt entsteht dabei, wenn beide Verhandlungspartner mehr oder weniger abweichende Verhandlungspräferenzen aufweisen.

1.2 Der Präferenzbegriff und Bezug zum Verhandlungskontext

Allgemein drücken Präferenzen Erwünschtheit aus (Helm & Steiner, 2008). Akteure bringen dabei gegebene Alternativen ihren Präferenzen entsprechend in eine Reihenfolge bzw. bevorzugen eine Alternative gegenüber einer anderen (Reiser, 2013).

Nach Weber und Johnson (2006) kommt es erst dann zu einer Präferenzbildung, wenn tatsächlich eine reale Entscheidungssituation vorliegt. So werden vorerst alle für die Entscheidung relevanten Informationen aus dem Gedächtnis oder aus anderen Informationsquellen abgerufen, erst dann erfolgt die eigentliche Alternativenauswahl. Um den Präferenzbildungsprozess zu vereinfachen werden unterschiedliche kognitive Heuristiken verwendet, wie beispielsweise der Vergleich zu ähnlichen Entscheidungssituationen. Eine erfolgreiche Antizipation ist dabei von den Erfahrungen der Person abhängig. Es wird davon ausgegangen, dass die Verhandlungsprozesse meist nur sehr eingeschränkt vergleichbar sind, was schnell zu einer fehlerhaften Entscheidungsheuristik führen kann.

1.3 Theoretische Ansätze der Verhandlungsforschung

Die Vielzahl an Veröffentlichungen im Bereich der theoretischen Verhandlungsforschung macht eine vollständige Übersicht aller bestehenden Ansätze nahezu unmöglich.[1] Daher sollen an dieser Stelle zunächst zwei Forschungsrichtungen skizziert werden, die sich hinsichtlich ihrer generellen Zielsetzungen und spezifischen Analysemethoden unterscheiden. Dies sind zum einen analytisch-präskriptive und zum anderen deskriptive verhaltenswissenschaftliche Ansätze. Darüber hinaus wird die Forschungsrichtung der Negotiation Analysis vorgestellt.

1.3.1 Analytisch-präskriptive Forschungsansätze

Verhandlungen werden bei einem analytisch-präskriptiven Ansatz als ein in sich geschlossenes und zwischen mindestens zwei Parteien bestehendes interdependentes Entscheidungsproblem untersucht. Dieses Problem soll mit Hilfe mathematisch-formaler Modelle gelöst werden. Hierfür werden unter Annahme vollständiger Rationalität optimale Verhandlungsergebnisse logisch-stringent abgeleitet, wobei Optimalität bedeutet, dass die Ergebnisse für die beteiligten Parteien nutzenmaximal sind (Herbst, 2007).

Zu diesem Forschungsansatz zählt zunächst eine Vielzahl von Studien, die auf der Theorie des bilateralen Monopols basieren, genauer treten auf der Angebots- und Nachfrageseite jeweils nur ein Marktteilnehmer auf (Bowley, 1928). Edgeworth (1881) analysierte in diesem Zusammenhang als einer der ersten Wissenschaftler, inwiefern zwei Wirtschaftssubjekte durch die bilaterale Umverteilung zweier Güter eine bessere Stellung erzielen können. Auf Basis der traditionellen ökonomischen Theorie konnte Edgeworth (1881) allerdings keinen optimalen Verteilungspunkt identifizieren (Holler, Illing & Napel, 1991). Neumann und Morgenstern (2007) jedoch konnten durch ihre hervorgegangene mathematische Theorie strategischer Spiele bereits im Jahr 1944 einen ersten entscheidenden Beitrag zu dieser Fragestellung liefern. Sie gingen davon aus, dass Akteure in interdependenten Entscheidungssituationen ihre individuellen Nutzenfunktionen zu maximieren versuchen. Die von Neumann und Morgenstern (2007) entwickelte Nutzenfunktion (VNM-Nutzenfunktion) stellt ein kardinales Maß für die Beurteilung

---

[1] Für umfassendere Darstellungen vgl. Putnam und Holmer (1992).

der Entscheidungsalternativen eines Individuums dar, weshalb sie in Folge zu einer wichtigen Grundlage der allgemeinen Spieltheorie wurde.

In der allgemeinen Spieltheorie sind mindestens zwei Akteure in ihrem Entscheidungs-verhalten simultan voneinander abhängig. Daher müssen die Akteure in ihrem eigenen Entscheidungsprozess die Entscheidungen der anderen Akteure antizipieren (Harsanyi, 1995). Ziel der Spieltheorie ist es, mit Hilfe formaler Überlegungen optimale Entschei-dungen zu entwickeln. Rational ist das Verhalten der Akteure dann, wenn sie auf Basis einer VNM-Nutzenfunktion ihre eigenen Ziele verfolgen und sich somit streng eigennut-zenmaximierend verhalten. Harsanyi (1995) bezeichnet die Spieltheorie daher auch als Theorie des rationalen Verhaltens. Dieses ist durch folgende Merkmale modelliert (Harsanyi, 1995, S. 292):

- eine Auswahl an Handlungen A, aus denen der Entscheidungsträger auszuwählen hat,
- eine Zusammenstellung aus jeweils resultierenden Ergebnissen C,
- eine Funktion g(A) => C, die jeder Handlung A ein Ergebnis C zuweist, sowie
- eine Präferenzbeziehung im Hinblick auf die Menge an Konsequenzen C, die voll-ständig transitiv ist.

Zusammenfassend ist festzuhalten, dass der analytisch-präskriptive Forschungsansatz und hierbei insbesondere die Spieltheorie nach strengen Formalien vorgeht, um ratio-nale Entscheidungen treffen zu können und damit einhergehend eine Analyse von Ver-handlungen ermöglicht. Ihr Ziel ist es, für die unterschiedlichen Verhandlungssituationen rationale Entscheidungsregeln abzuleiten und hierauf aufbauend optimale Ergebnisse zu prognostizieren. Die Spieltheorie ermöglicht damit Verhandlungsführern anhand von klaren Vorgaben Probleme zu strukturieren und Anhaltspunkte für optimale Lösungen zu identifizieren (Herbst, 2007).

1.3.2 Verhaltenswissenschaftliche Forschungsansätze

Verhaltenswissenschaftliche Forschungsansätze können als Gegenspieler der analy-tisch-präskriptiven Forschungsansätze betrachtet werden. Denn diese Ansätze gehen nicht einer logisch-stringenten Formal-Logik nach, sondern untersuchen das Verhalten der Verhandelnden sowie die sozialpsychologischen Determinanten, die für dieses Ver-halten verantwortlich sind (Herbst, 2007). Alavoine (2012) unterscheidet je nach Fokus der Forschungsbemühungen zwischen theoretisch-konzeptionellen und empirisch-in-duktiven Beiträgen. Theoretisch-konzeptionelle Beiträge wollen aus einer Übertragung

soziologischer und psychologischer Theorieelemente statische und dynamische Erklä-
rungen des Verhandelns aufzeigen (vgl. Douglas, 1962; Schelling, 1980; Walton, 1965).
Im Bereich empirisch-induktiver Ansätze lassen sich sozial-psychologische Studien von
den Untersuchungen der „verhaltensbezogenen Entscheidungsforschung" (BDR – Behavorial Decision Research) unterscheiden (Herbst, 2007). Bei beiden Ansätzen kommt
die Methodik der Laborexperimente zum Einsatz, um den Einfluss isolierbarer Größen
auf Verhandlungsprozess und -ergebnis zu überprüfen (Rubin & Brown, 2013). Der Fokus sozial-psychologischer Studien liegt in sozialen Aspekten wie demografischen und
Persönlichkeitsunterschieden zwischen den Verhandlungsakteuren (Pruitt & Carnevale,
1993). Aber auch die Beziehung zwischen den Verhandelnden sowie die Wirkung pro-
zessualer Konstrukte wie bspw. Kooperativität und Emotionen in Verhandlungen sind
Gegenstand sozialpsychologischer Forschung im Kontext von Verhandlungen
(Bazerman, Curhan, Moore & Valley, 2000).

Der Forschungsbereich der BDR wiederum betrachtet Verhandlungen als interaktive
Entscheidungssituationen unter Unsicherheit und erklärt Abweichungen realer Entscheidungen in Verhandlungssituationen von den Vorhersagen ökonomisch-analytischer Modelle anhand individueller Abweichungen von rationalem Verhalten (Bazerman & Neale,
1992b). Ziel der BDR ist es, diejenigen Entscheidungen der einzelnen Akteure vorher-
zusagen, die inkonsistent, ineffizient und auf normativ irrelevanten Informationen beru-
hen (Gimpel, 2006). Auch rücken vermehrt kognitive Prozesse in den Vordergrund ver-
haltenswissenschaftlicher Forschung, die die Aufnahme, Verarbeitung und Speicherung
von Informationen der Entscheidungsträger thematisieren (Franke, 2002). Hierbei stützt
sich die BDR insbesondere auf den Einfluss kognitiver Heuristiken in Entscheidungssituationen von Individuen (Herbst, 2007). So konnte ein möglicher Ankerwert in Verhandlungen die Höhe des ersten Angebotes bestätigt werden: Ein höheres Erstangebot mün-
det in einem höheren Verhandlungspreis und auf Grund dessen der Erstbietende in der
Regel das individuell bessere Ergebnis erzielt (Mussweiler & Galinsky, 2002).

Insgesamt zeigt sich, dass verhaltenswissenschaftliche Ansätze einen guten Erklärungs-
ansatz für das Handeln realer Akteure sowie ihrer Beziehungen untereinander ermöglichen. Sie liefern damit zahlreiche Anhaltspunkte, die der Gestaltung von Verhandlungen
dienlich sind. So zeigen sie bspw. die konkrete Ausgestaltung von Verhandlungtaktiken
auf und ermöglichen Korrekturen von Fehlern, die durch das Vorliegen unvollständiger
bzw. asymmetrisch verteilter Informationen entstehen. Ihre Ergebnisse sind in der Regel
theoretisch fundiert und empirisch überprüft, weshalb die abgeleiteten Handlungsimpli-
kationen systematisch und nicht willkürlich sind (Herbst, 2007).

1.3.3 Negotiation Analysis – die Synthese der analytisch-präskriptiven und verhaltenswissenschaftlichen Verhandlungsforschung

Mit der Negotiation Analysis stellt Raiffa (1982) einen Wendepunkt in der Verhandlungsforschung dar. Er versucht, die zwei Forschungsbereiche, die in den vorherigen Kapiteln beschrieben wurden, zu konvergieren. Seine Annahme basiert darauf, dass Verhandlungsparteien immer dann optimale Ergebnisse erreichen können, wenn sie mögliche Verhandlungsalternativen sowohl unter Berücksichtigung ihrer eigenen Motive und Verhaltensweisen als auch der ihrer Verhandlungspartner generieren, strukturieren und priorisieren (Voeth & Herbst, 2015). So ist es Raiffas (1982) Ziel den Verhandlungsführern ideale Verhandlungsergebnisse aufzuzeigen und ihnen zu verdeutlichen, inwiefern reale Ereignisse das Zustandekommen dieser Ergebnisse fördern oder ihnen entgegenstehen können. Er geht dabei nicht von einer Vollkommenheit an Informationen aus, unterstellt den Verhandlungsführern jedoch ein rationales Agieren unter Unsicherheit.

Die Negotiation Analysis beinhaltet hauptsächlich spieltheoretische und sozialpsychologische Ansätze sowie Grundlagen der (multi-attributiven) Entscheidungstheorie. Die Negotiation Analysis versucht, optimale Verhandlungsstrategien auf Basis einer möglichst realistischen Einschätzung des zu erwartenden Verhaltens der Verhandlungsführer zu generieren. Dadurch wird auch die Phase der Verhandlungsvorbereitung im Rahmen der Negotiation Analysis bedeutender (Raiffa, Richardson & Metcalfe, 2007). Keeney und Raiffa (1991) betrachten sogar die Verhandlungsvorbereitung als eines der Hauptanliegen, um die Verhandlungsführer hierin bestmöglich zu unterstützen.

Teilbereiche der Verhandlungsvorbereitung sind zum einen die Strukturierung und Analyse der eigenen sowie der gegnerischen Verhandlungsposition und zum anderen die Beschaffung von Informationen über die Verhandlungssituation. Zur Analyse der eigenen Verhandlungssituation ist die Kenntnis, bestenfalls vor der Verhandlung, über eigene Präferenzen sowie Ziele und deren Alternativen von Vorteil (Voeth & Herbst, 2015). Diese stellen die „Outside"-Optionen dar, falls die Verhandlung zu keinem Ergebnis führt (Thompson, 2020).

Um die gegnerische Partei besser abschätzen zu können, bilden auch hier Informationen über Präferenzen und Alternativen der Gegenpartei eine unabdingbare Grundlage für einen nutzenmaximierenden Verhandlungsabschluss (Lewicki, Barry & Saunders, 2016). Beispielsweise schlagen Raiffa et al. (2007) zur Ermittlung der eigenen Präferenzen, wie auch der Präferenzen der Gegenseite neben Fragestellungen zur Art und Weite der Verhandlungsführung sowie der BATNA[2] (Best Alternative To a Negotiated

---

[2] Nähere Erläuterungen zur BATNA in Kapitel 2.1.

Agreement), einfache Techniken wie Scoring Modelle oder ähnliches vor. Hierbei werden die Verhandlungsführer in der vorbereitenden Phase der Verhandlung gebeten, zunächst die Eigenschaften zu benennen, durch die sich Verhandlungsergebnisse beschreiben lassen („attributes"). Anschließend benennen sie für jede Eigenschaft denkbare Ausprägungen, die das Ergebnis der Verhandlungen sein können („agreement levels"). Schließlich werden die „agreement levels" bewertet (Raiffa et al., 2007). Somit entsteht eine Bewertungsmatrix, mit der unterschiedliche Verhandlungsangebote der Gegenseite miteinander verglichen werden können (Voeth & Herbst, 2015). Auf dieser Matrix aufbauend zielt die Negotiation Analysis darauf ab, optimale Verhandlungsergebnisse aufzufinden. Diese liegen dann vor, wenn sich keine alternativen Verhandlungskonstellationen identifizieren lassen, die in der Gesamtheit die Verhandlungsseiten besserstellen.

Die im Bereich Negotiation Analysis vorgeschlagene Dreiteilung der Verhandlungsvorbereitung und die hierauf aufbauenden Implikationen für eine verbesserte Verhandlungsführung haben sich mittlerweile als sinnvoller und Erfolg versprechender Ansatz der Verhandlungsführung etabliert. Vor allem liegt es daran, dass die Herangehensweise der Negotiation Analysis den Verhandelnden konkrete Vorgehensweisen an die Hand gibt, die sowohl die Subjektivität der Wahrnehmungen als auch Möglichkeiten für eine quantitative Einschätzung der in der Verhandlung erzielbaren Erträge berücksichtigen.

1.4 Managementbezogene Ansätze der Verhandlungsforschung

Das von Fisher, Ury, Patton und Raith (2013) entwickelte Harvard-Verhandlungskonzept geht von der Annahme aus, dass ein für alle Beteiligten zufrieden stellendes Verhandlungsergebnis oftmals deshalb nicht erreicht werden kann, da sich die Akteure zu stark auf das Aushandeln ihrer eigenen Positionen konzentrieren, anstelle die der Verhandlung zu Grunde liegenden (oftmals beidseitigen) Interessen in den Vordergrund zu stellen. Daher entwickelten sie einen Leitfaden für richtiges und sachbezogenes Verhandeln. Das Havard-Konzept basiert auf vier Grundregeln (Fisher et al., 2013):

(1) Die erste Grundregel besagt, dass Menschen und Probleme in Verhandlungen getrennt voneinander behandelt werden sollten, um die Lösung eines Entscheidungsproblems nicht durch das Aufkommen zwischenmenschlicher „Unsachlichkeiten", wie bspw. Emotionen zu gefährden.

(2) Die zweite Regel sieht vor, Interessen der Verhandlungsbemühungen in den Mittelpunkt zu stellen, damit nicht – durch die Fixierung auf eine feststehende Lösung

(d. h. durch die Formulierung von Positionen) – der Verhandlungsraum frühzeitig begrenzt und somit der Blickwinkel auf integrative Lösungen versperrt wird.

(3) Nach Auffassung der Autoren ist es notwendig, im Vorfeld der Verhandlungen alternative Problemlösungen zu entwickeln, die die unterschiedlichen Interessen abdecken können.

(4) Diese Problemlösungen sollten abschließend anhand objektiver Kriterien bewertet sowie durch faire Verfahrensweisen umgesetzt werden. Objektive Kriterien sind z. B. frühere Vergleichsfälle, Urteile von Sachverständigen oder aber traditionsgemäße Vereinbarungen. Für faire Verhaltensweisen nennen die Autoren u. a. das Aufsuchen eines neutralen Schiedsrichters.

Die vier Grundregeln werden nochmals anschaulich in der nächsten Tabelle dargestellt.

Menschen	Menschen und Probleme getrennt von einander behandeln!
Interessen	Nicht Positionen, sondern Interessen in den Mittelpunkt stellen!
Möglichkeiten	Vor der Entscheidung verschiedene Wahlmöglichkeiten entwickeln!
Kriterien	Das Ergebnis auf objektiven Entscheidungsprinzipien aufbauen!

Abbildung 1: Vier Grundregeln des Havard-Konzeptes
(Quelle: Fisher et al., 2013)

Die vier Grundregeln sollen als Leitfaden dafür gelten, die Verhandlungsakteure bei der Erzielung optimaler Ergebnisse zu unterstützen und das sowohl im Vorfeld der Verhandlungen als auch während des eigentlichen Entscheidungsprozesses (Herbst, 2007).

2 Das ZOPA-Konzept (Zone of Possible Agreement)

2.1 Allgemeine Erläuterung

Das ZOPA (Zone of possible Agreement), auch bargaining range bzw. Einigungszone genannt, basiert auf der Grundannahme, dass die an der Verhandlung Beteiligten einen Preis festlegen, zu dem die Transaktion gerade noch zustande kommt (Kreggenfeld, 2015). Es beschreibt somit den Bereich, in dem sich die jeweiligen Minimalziele (deal-breaker) überlappen, wobei diese Minimalziele bei rationalen, interessenorientierten Verhandlungen wesentlich durch das eigene BATNA (Best Alternative To a Negotiated Agreement) bestimmt werden. Ein deal-breaker ist ein zuvor festgelegter Zeitpunkt, an dem bei fehlender Einigung im Sinne der eigenen Seite die Vertragsverhandlung abgebrochen werden soll. Die Existenz einer besseren Alternative (BATNA) ist bei rationalen, interessenorientierten Verhandlungen der deal-breaker. Ein deal-breaker kann aber auch eine unverzichtbar erachtete Bedingung, z. B. gewisse Mindestgewinnmarge, oder eine bestimmte rechtliche oder ethische Grenze sein. Bei positionsorientierten Verhandlungen kann das Minimalziel aber auch irrational und weitgehend unbeeinflusst vom BATNA sein (Jung & Krebs, 2016).

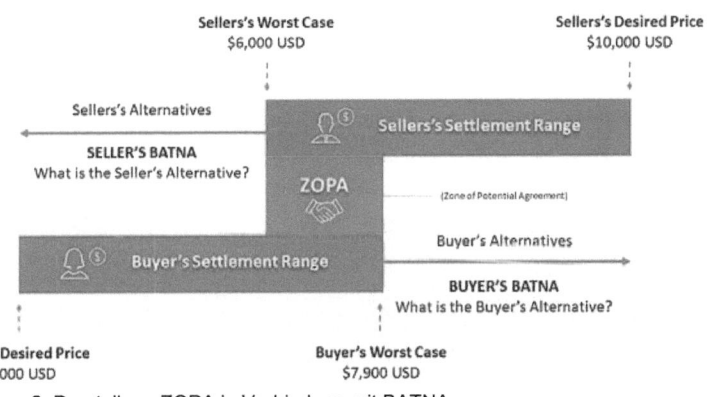

Abbildung 2: Darstellung ZOPA in Verbindung mit BATNA
(Quelle: SlideOcean, 2019)

Da im engen Zusammenhang mit ZOPA das BATNA steht, wird an dieser Stelle BATNA näher erläutert.

Vor jeder Verhandlung müssen für einen Verhandlungsführer Verhandlungsziele, Prioritäten und Erwartungen festgelegt sein (Bazerman & Neale, 1992a; Gulliver, 1979). Hier sollte aber auch bedacht werden, dass die Verhandlung scheitern oder abgebrochen werden kann, weil bessere Alternativen als das vermeintliche Verhandlungsergebnis bestehen. Wallihan (1998, S. 259) zeigt hierzu auf: „At least one negotiator appears to have a better nonagreement alternative" und beschreibt damit das Konzept der sogenannten BATNA. So soll das BATNA, also die bestmögliche Alternative, schon bereits in der Vorbereitungsphase definiert werden, denn es „determines the lowest value acceptable to you for a negotiated agreement; if the parties cannot reach agreement, they settle for their BATNAs" (Bazerman & Neale, 1993, S. 67).

Beispielsweise bietet Verkäufer X das Auto für 25.000 Euro an. Falls Verkäufer Y nicht unter diesen Preis geht, wird Käufer A Auto bei X kaufen, also der besten Alternative von Käufer A. Die beste Alternative wird von beiden Parteien in Abhängigkeit der jeweiligen Möglichkeiten autonom festgelegt (Bazerman & Moore, 2009). Dabei ist es auch möglich, dass keine Alternativen vorhanden sind, was den Druck auf die Verhandlung und die Verhandlungsführer verstärken wird. "BATNA refers to the best outcome a party could achieve if the talks ended in impasse. In theory, behavior, and ultimately outcomes, depend centrally on the parties' alternatives. The worse a party's alternative, the lower its reservation value and the more eager it will be to sign a deal" (Odell, 2002, S. 44–45). Wenn somit eine Partei schlechte Alternativen vorweist, wird es nicht nur schwieriger, einen Abschluss zu erzielen, sondern die Machtverhältnisse werden zudem asymmetrisch verteilt sein. Denn Fisher et al. (2013) berücksichtigen dabei, dass mit steigender Attraktivität der „besten Alternative" kongruent die Größe der Macht ansteigt. Dabei muss nach Bacharach und Lawler (1984) die Verhandlungsmacht oder –stärke nicht notwendigerweise mit der Größe der Verhandlungsparteien oder deren Repräsentanten korrelieren. Die Macht lässt sich vielmehr darin begründen, eine Verhandlung scheitern lassen zu können, aber trotzdem noch Alternativen in der Hinterhand zu haben. „Je stärker Ihre Bereitschaft ist, Verhandlungen auch scheitern zu lassen, um so machtvoller können Sie Ihre Interessen und die für Sie akzeptable Grundlage für ein Übereinkommen präsentieren" (Fisher, Ury & Patton, 2015, S. 157).

Das Ziel einer Verhandlung ist nämlich nach Bazerman und Neale (1993, S. 1): „knowing how to reach the best agreement, not just any agreement". Bei einer rationalen langfristig ausgelegten Verhandlungsbeziehung sind in der besten Übereinkunft beide Akteure miteingeschlossen. Für Saner (1997, S. 40) ist „ein guter Abschluss nicht maximal, sondern optimal. Das heisst nun keinesfalls, eigene Vorteile ohne weiteres preiszugeben. Regelmässig wird sich aber eine kooperative Haltung bezahlt machen".
Damit ein BATNA für beide Seiten eine ideale Übereinkunft herbeiführen kann, muss zunächst einmal ein ZOPA bestehen (Raiffa, 1982) und Informationen im Sinne Gullivers

(1979) ausgetauscht werden. Fisher et al. (2015) weisen darauf hin, dass nicht zu viele Informationen bezüglich des eigenen BATNA Preis gegeben werden dürfen, da ansonsten dieses an Macht verliert.

Ferner nimmt die Beziehung der verhandelnden Parteien Einfluss auf die Wahl und Realisierung des BATNA. „Greenhalgh points out that inherent in the BATNA concept is the assumption that negotiators consider only the utility of their alternatives and not the parties' commitment to their relationships in deciding to abandon negotiations. (…) Relationship generally has a higher value than zero in any negotiations" (Donohue & Ramesh, 1992, S. 209). So implizieren Greenhalgh, Neslin und Gilkey (1985), dass auch suboptimale Alternativen zugunsten der Beziehung realisiert werden sollten. Es sollen somit alle Lösungen realisiert werden, die grösser Null sind, damit eine bestehende Beziehung nicht gefährdet wird. Die Beziehung ist mit Bestimmtheit wichtig, der Verhandlungserfolg aber ebenso. „Eine wirklich erfolgreiche Verhandlung hat keine Verlierer" (Saner, 1997, S. 83).

Der Grundbegriff ZOPA stammt von Raiffa (1982) aus dem Jahr 1982. Er geht in seiner Theorie davon aus, dass solange es ein ZOPA gibt, es eine Einigung geben muss. Gibt es kein ZOPA, entsteht folglich ein NOPA (no possible agreement), somit keine Einigung (Jung & Krebs, 2016).

Umso größer das ZOPA ist, umso wahrscheinlicher lässt sich der Bereich des ZOPA messen, in dem der Verhandlungserfolg der beiden Seiten, genauer die Einigung, erfolgte. Da das ZOPA jedoch eindimensional ist, lässt es sich bis zu einem gewissen Grad verfälschen. Es wird häufig nur der absolute Preis berücksichtigt. Nebenbedingungen wie Zahlungsbedingungen, Qualitäten, Risiken und Chancen lassen sich nur schwer darstellen. Zumal das ZOPA auch nicht die Unsicherheiten vor Beginn der Verhandlung bei der Festsetzung des Minimalzieles berücksichtigt (Jung & Krebs, 2016).

Die Dynamik während der Verhandlung sollte nach Jung und Krebs (2016) wie beim BATNA auch miteinbezogen werden. So kann das ZOPA eher als eine Kategorie betrachtet werden, die in der Wissenschaft und nicht der Praxis verwendet wird. Das liegt auch daran, dass das Minimalziel des Verhandlungspartners in der Regel nicht genau bekannt ist. Eine Möglichkeit der Verwendung von ZOPA wird darin gesehen, diese im Verhandlungstraining mit vorgegebenen Minimalzielen zu verwenden, um die Fähigkeiten von Verhandlern in Trainingsverhandlungen zu bewerten.

Das ZOPA-Konzept wird im Folgenden nochmals anhand eines Beispiels von Bazerman und Moore (2009) veranschaulicht.

Angenommen ein Absolvent des Masterstudiengangs Management wird für eine hoch-spezialisierte Position rekrutiert. Die Organisation und die Mitarbeiter haben in allen Fragen außer dem Gehalt zugestimmt. Die Organisation hat 90.000 Dollar angeboten, und der Mitarbeiter hat ein Gegenangebot von 100.000 Dollar gemacht. Beide Parteien würden sehr gerne zu einer Einigung kommen, obwohl beiderseits die Meinung vorherrscht, ihr fairstes Angebot gemacht zu haben. Um das Angebot nicht zu verlieren, wäre der Student dazu bereit, jedes Angebot über 93.000 Dollar anzunehmen, obwohl er diese Informationen an keiner Stelle verbalisiert hat. Die Organisation hingegen würde ohne es je ausgesprochen zu haben bis zu 97.000 Dollar zahlen anstatt den Kandidaten zu verlieren.

Bargaining Zone

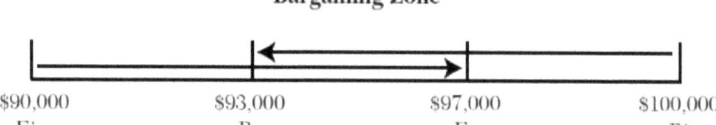

$90,000	$93,000	$97,000	$100,000
Ei	Rr	Er	Ri

Ei = Employer's initial offer
Rr = Recruit's reservation point (minimum limit)
Er = Employer's reservation point (maximum limit)
Ri = Recruit's initial offer

Abbildung 3: Das ZOPA im beschriebenen Rekrutierungsproblem
(Quelle: Bazerman & Moore, 2009)

In der Einigungszone hat jeder Akteur einen sogenannten Reservierungspunkt, also einen Extremwert, bis zu dem er noch für eine Einigung bereit wäre. So liegt der Minimalwert des Studenten bei 93.000 Dollar und der Maximalwert des Unternehmens bei 97.000 Dollar. Jegliche Werte, die unter (im Fall des Studenten unter 93.000 Dollar) oder über (im Fall des Unternehmens über 97.000 Dollar) diesem Punkt liegen, wären für die jeweilige Partei inakzeptabel und ein Abbruch der Verhandlung würde vorgezogen werden. Diese Punkte werden anhand der individuellen BATNA festgelegt. So liegt die ZOPA Zone in diesem Beispiel zwischen dem Minimalwert des Studenten und dem Maximalwert des Unternehmens, also liegt der Verhandlungsrahmen zwischen 93.000 und 97.000 Dollar. Dieser Bereich wird auch als „positive bargaining zone" bezeichnet. Wenn diese Zone vorhanden ist, ist es für die Verhandlungsparteien relativ einfach zu einer Einigung zu kommen. Wenn sich diese Reservierungspunkte jedoch nicht überschneiden und damit ein Verhandlungsbereich nicht gebildet werden kann, besteht eine sogenannte „negative bargaining zone". In solchen Fällen gibt es keine Lösung, eine Einigung zu finden, die für beide Parteien akzeptabel wäre.

Wenn nun der Arbeitgeber den Anwerber überzeugen kann, dass sein Angebot von 93.100 Dollar endgültig ist, so wird der Student das Angebot annehmen. Ähnlich wäre es, wenn der Bewerber den Arbeitgeber davon überzeugt, dass 96.900 Dollar das niedrigste Gehalt sei, das er akzeptieren würde. Dann würde der Arbeitgeber diese Zahl hinnehmen. Eine der wichtigsten Fähigkeiten im Rahmen von Verhandlungen ist es somit, den Gegenüber richtig einzuschätzen und einen Wert anzusetzen, der noch in seinem Grenzwert seiner ZOPA liegt. Dies ist ein überaus heikler Prozess. Sobald nämlich eine der Parteien die Situation falsch einschätzt, ist die Wahrscheinlich hoch, dass die Verhandlung zu einem Abbruch führt. Dies wäre z.B. der Fall, wenn der Student an einer Forderung von 98.000 Dollar festhält, der Arbeitgeber jedoch an einem Angebot von 92.000 Dollar festharrt. Beide haben die Annahme, dass die andere Seite nachgeben wird. Ben Franklin beobachtete hierzu:

Trades would not take place unless it were advantageous to the parties concerned. Of course, it is better to strike as good a bargain as one's bargaining position permits. The worst outcome is when, by overreaching greed, no bargain is struck, and a trade that could have been advantageous to both parties does not come off at all. (Ben Franklin, zitiert nach Menkel-Meadow & Schneider, 2014, Chapter 5)

2.2 Einfluss von Gruppenentscheidungen auf das ZOPA

Häufig verhandeln Parteien nicht nur in ihrem individuellen Interesse, wie bisher im Rahmen dieser Arbeit dargestellt, sondern als Mitglieder bzw. Vertreter sozialer Gruppen (Bierhoff et al., 2017). Backhaus und Pesch (2018) greifen in ihrer komparativen Analyse zum Thema „Spiegeln die Lehrbücher den Stand der Forschung wider?" anhand einer systematischen Such- und Bewertungs-Prozedur die gängigste Fachliteratur zur Thematik von Verhandlungen auf. Ihr Ergebnis verdeutlicht, dass zwei große Analysebereiche den Verhandlungsablauf und das Ergebnis bestimmen: Persönliche Faktoren und Rahmenfaktoren. Die persönlichen Faktoren lassen sich weiter in intrapersonale und Gruppenfaktoren unterscheiden, welche sich gegenseitig beeinflussen können. Die persönlichen Faktoren und Rahmenfaktoren wirken wiederum auf die Verhandlungsvorbereitung, die aus der Zielsetzung der Verhandlungsparteien und der sich daraus ergebenden Verhandlungsstrategie zusammensetzt. Daran anschließend findet sich die Verhandlungsführung, deren Verlauf zu einer Änderung der verwendeten Strategie führen kann. Letztendlich resultiert das Verhandlungsergebnis, welches entweder zu einem Abbruch des Verhandelns oder einer Einigung führen kann. Das Phasenkonzept wird in der nächsten Abbildung aufgezeigt.

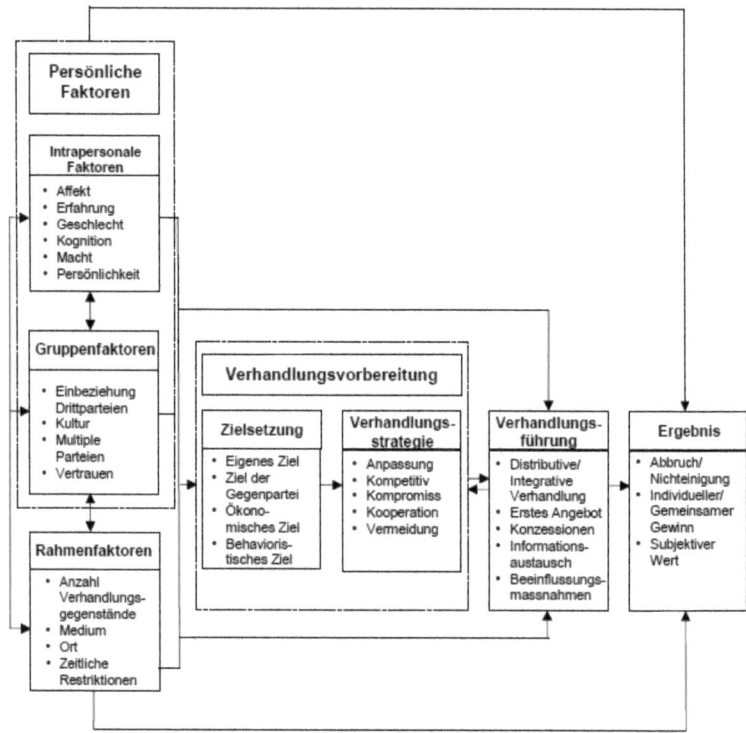

Abbildung 4: Phasenkonzept von Verhandlungen nach Backhaus und Pesch (2018)
(Quelle: Backhaus & Pesch, 2018, S. 10)

Wie aus der Abbildung zu erkennen ist, wirken Gruppenfaktoren auf den Verhandlungsablauf und damit einhergehend auf das Verhandlungsergebnis ein.

Im Sinne der Sozialpsychologie definieren König und Schattenhofer (2020, Kapitel 2.1)
eine Gruppe unter formalen Gesichtspunkten. Demnach haben Gruppen:

- 3 bis ca. 20 Mitglieder (von Großgruppen spricht man ab ca. 20 Mitgliedern),

- eine gemeinsame Aufgabe oder ein gemeinsames Ziel,

- die Möglichkeit der direkten (face-to-face) Kommunikation,

- eine gewisse zeitliche Dauer, von 3 Stunden bis zu vielen Jahren.

Darüber hinaus entwickeln Gruppen mit der Zeit

- ein Wir-Gefühl der Gruppenzugehörigkeit und des Gruppenzusammenhalts,

- ein System gemeinsamer Normen und Werte als Grundlage der Kommunikati-
ons- und Interaktionsprozesse,

- ein Geflecht aufeinander bezogener sozialer Rollen, die auf das Gruppenziel ge-
richtet sind.

In dieser Teilaufgabe werden anhand eines selbstgewählten Beispiels potentiell einfluss-
nehmende Parameter bei Gruppenentscheidungen auf das ZOPA-Konzept erläutert.
Gruppenentscheidungen sind Entscheidungen, die von mehreren Personen in enger Interaktion in einer Kleingruppe erarbeitet und diskutiert wurden und von allen Mitgliedern
der Gruppe weitgehend akzeptiert werden (Kaiser & Brettschneider, 2001). Wobei unter
dem Begriff der Entscheidung der Auswahlprozess einer Handlungsalternative aus mehreren vorhandenen Alternativen verstanden wird (Bamberg, Coenenberg & Krapp,
2019).

Für das Beispiel wird folgendes Szenario gewählt: Ein Unternehmen hat eine hochspe-
zialisierte Position zu besetzen. Es wurde sogar bereits der passende Kandidat, ein Mas-
terabsolvent, für diese Position gefunden. Dieser fordert ein Gehalt von 95.000 Euro. Die
Organisation und die Mitarbeiter sind sich in allen Fragen außer dem Gehalt einig. Die
Finanzabteilung sieht eine klare Gehaltsgrenze bei 90.000 Euro, wohingegen die be-
troffene Abteilung (IT-Abteilung), die dringend diesen Mitarbeiter benötigt, mit einem Gehalt von 100.000 Euro einverstanden wäre. Eine schnelle Einigung ist für das Unternehmen von hoher Relevanz, denn die zu besetzende Position ist für den Erfolg des Unternehmens leittragend. Um den potentiellen Kandidaten nicht zu verlieren, wäre die IT-
Abteilung dazu bereit, jedes Angebot über 95.000 Euro (Wert des Bewerbers) anzunehmen. Die Finanzabteilung hingegen, die einen Puffer für besondere Fälle eingeplant hat,
würde ohne es je ausgesprochen zu haben bis zu 96.000 Euro zahlen anstatt den Kandidaten zu verlieren und damit das Unternehmen zu gefährden. Dieser Puffer ist jedoch
nicht nur für Gehälter eingeplant, sondern für verschiedene eventuelle auftretende Not-
situationen und sollte somit nur gut überlegt eingesetzt werden. Das Szenario und das
zugehörige ZOPA wird in der nächsten Abbildung verdeutlicht.

ZOPA

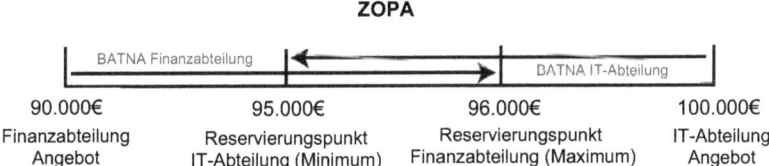

90.000€	95.000€	96.000€	100.000€
Finanzabteilung Angebot	Reservierungspunkt IT-Abteilung (Minimum)	Reservierungspunkt Finanzabteilung (Maximum)	IT-Abteilung Angebot

Abbildung 5: Darstellung ZOPA im gewählten Szenario
(Quelle: eigene Darstellung)

Giersiepen, Wanzel und Schulz-Hardt (2017) unterscheiden bei der Betrachtung des
Gruppenentscheidungsprozesses zwischen dem Wissen der Gruppenmitglieder (den
von ihnen eingebrachten Informationen) und dem Einfluss ihrer Meinungen, also der in
der Diskussion geäußerten Präferenzen bzw. Urteile. Idealerweise wird das individuelle

Wissen der einzelnen Teammitglieder kombiniert und hieraus eine qualitativ höherwertige Entscheidung getroffen. Ein Gruppenentscheidungsprozess ist jedoch von Phänomenen beeinflusst, die von einer solchen Idealvorstellung abweichen. Im Folgengen wird auf vier dieser Parameter eingegangen und in Bezug auf das gewählte Beispiel gesetzt.

2.2.1 Gruppenpolarisierung

Stoner (1961) versteht unter einer Gruppenpolarisierung die Tendenz einer Gruppe, extremere Entscheidungen zu treffen. Dieses Phänomen benannte er auch als *risky shift* oder *Risikoschub*. Auch Moscovici und Zavalloni (1969) zeigen in ihrer Studie, bei der unterschiedliche Meinungs- und Urteilsaufgaben individuell wie auch in der Gruppe bearbeitet werden sollten, dass bei allen Aufgabenarten die Gruppenmeinung riskanter war als der Durchschnitt der individuellen Meinungen vor der Gruppendiskussion. So kann bestätigt werden, dass Gruppen und Individuen nach Gruppenentscheidungen Urteile abgeben, die in diejenige Richtung polarisiert sind, in die die Gruppenmitglieder im Durchschnitt schon vorher tendiert haben.

Giersiepen et al. (2017) merken an, dass die Entstehung von Polarisierungseffekten in unterschiedlichen theoretischen Erklärungsansätzen begründet sein kann. Die *Theorie der überzeugenden Argumente* geht davon aus, dass die Gruppenpolarisation dann entsteht, wenn ein Individuum über mehr Informationen verfügt, die ein riskantes Vorgehen stützen (Burnstein & Vinokur, 1977; Vinokur & Burstein, 1974). Da in der Regel nicht alle Mitglieder der Gruppe über dieses Wissen verfügen, werden in einer Gruppe mit risikobereiten Individuen mehr Informationen bezüglich riskanter Verhaltensweisen ausgetauscht, wodurch sich die Risikobereitschaft der einzelnen Mitglieder sowie der Gruppe erhöht (Giersiepen et al., 2017).

Würde ein Gruppenmitglied die Information besitzen, dass aufgrund einer laufenden Pandemie auf unbestimmte Zeit keine neuen Absolventen im IT-Bereich auf dem Markt bereit stehen und dieses Wissen mit der Gruppe teilen, wäre die Gruppe dazu geneigt, den Bewerber zu seinem geforderten Gehalt (95.000€) einzustellen. Diese Forderung liegt im Bereich des ZOPA. Somit würde es zu einer Einigung beider Parteien kommen, da die Einigungszone sich im Bereich zwischen 95.000€ (Minimalwert IT-Abteilung) und 96.000€ (Maximalwert Finanzabteilung) orientiert.

Zwei weitere Erklärungssätze zur Gruppenpolarisierung werden nun kurz erläutert und mit dem gewählten Beispiel verknüpft.

- *Theorie der sozialen Vergleichsprozesse:* In einer Gruppe existierten sowohl sozial positive als auch negative bewertete Standpunkte (Jellison & Riskind, 1971). Das am positivsten bewertete Urteil der Gruppe wird als Norm der Gruppe aufgefasst (Isenberg, 1986). Die Individuen versuchen dabei, eine extremere Entscheidung zu fällen als die Norm vorgibt. Im gewählten Beispiel wäre es denkbar, dass das Unternehmen dem Kandidaten ein Gehalt von 96.000€ anbieten würde, was über seiner eigentlichen Forderung liegt, um sicherzustellen, dass er sich nicht für ein anderes Unternehmen entscheidet. Das ZOPA wäre auch in diesem Fall erfüllt.

- *say polarization* und *hear polarization:* Unter *hear polarization* wird das wiederholte Hören einer bestimmten Position verstanden, was zu einer Polarisierung führt. Bei *say polarization* entwickelt sich eine Polarisierung allein durch das mehrfache Nennen und Verteidigen der eigenen Meinung (Brauer, Judd & Gliner, 1995). Wenn die Finanzabteilung häufig die finanzielle schwierige Lage des Unternehmens und damit einhergehend die Notwendigkeit niedriger Kosten erwähnt (say polarization), würde dies die IT-Abteilung an einem bestimmten Punkt ebenfalls als Notwendigkeit auffassen und sich möglicherweise mit dem geforderten Wert der Finanzabteilung in Höhe von 90.000€ zufriedenstellen (hear polarization). Bei dieser Art der Polarisierung wird eine Einigung der beiden Parteien als gefährdet angesehen, wenn die Finanzabteilung der IT-Abteilung nicht mitteilt, dass der Minimalwert von 95.000€ (Wert im Bereich ZOPA) in Ordnung wäre. Bei einem alleinigen wiederholten Nennen der Notwendigkeit, könnte bei der IT-Abteilung der Eindruck entstehen, es wäre nur der genannte Wert von 90.000€ möglich.

2.2.2 Suboptimale Nutzung des Informationsvorsprungs von Gruppen

Gruppen werden nach Giersiepen et al. (2017) häufig in Situationen zur Entscheidungsfindung eingesetzt, in denen aufgrund einer größeren Informationsbasis eine höhere Urteils- bzw. Entscheidungsqualität erwartet wird. Im Fall dessen, dass die Initialurteile der Gruppenmitglieder korrekt sind, kann eine Gruppe nur maximal so gut sein wie ihre einzelnen Mitglieder oder zumindest ihr bestes Mitglied. Für die Untersuchung, wie qualitativ eine Gruppenentscheidung ist, können ausschließlich Situationen herangezogen werden, in denen nur Gruppen in der Lage sind, eine optimale Entscheidung zu treffen. Zu diesem Zweck bietet sich das sogenannte *Hidden-Profile-Paradigma* von Stasser und Titus (1985) an. Im Hidden-Profile-Paradigma verfügt kein Gruppenmitglied über die initiale Informationsbasis, um zu einem guten Urteil zu kommen. Erst wenn die Mitglieder in der Gruppe die Informationen untereinander austauschen, kann diese Basis errreicht werden.

Hätte ein Gruppenmitglied im gewählten Beispiel das Wissen, dass der potenzielle Kandidat ein anderes Unternehmen stark präferiert und würde diese Information mit den anderen Mitgliedern teilen, könnten sich die Mitglieder auf ein anderes ZOPA einigen. So könnte dieses darin bestehen, dass ein neues Minimalziel und Maximalziel gesetzt wird, das beim nächsten Kandidaten zum Einsatz käme. Ein weiterer Vorteil des Teilens dieser Information besteht darin, dass Zeit für unnötige Diskussion gespart wird und die Zeit für voranbringende Unternehmensaufgaben genutzt werden kann, z.B. der Suche nach einem neuen Kandidaten. Ohne diese geteilte Information würden die Abteilungen eventuell zu keinem Konsens kommen und sich so verstreiten, dass weitere Verhandlungen nur sehr schwer möglich wären.

Schulz-Hardt und Mojzisch (2012) identifizieren zwei Dimensionen für die Ursache, Informationen vorzuenthalten. Eine Dimension unterscheidet die Ursache auf der Gruppenebene (Diskussionverhalten) von der Ursache auf der Ebene der individuellen Informationsverarbeitung. Die andere trennt zwischen Einflüssen der Intensität der Verarbeitung einerseits und des Austausches andererseits.
Es besteht eine erhöhte Wahrscheinlichkeit darin, dass Gruppenmitglieder die gleiche geteilte Information aufweisen, was eine Diskussion dieser wahrscheinlicher macht. So wird der Fokus auf eine Information gelegt und andere eventuell ebenfalls relevante Informationen ausgeblendet. Auch enthalten Gruppenmitglieder oftmals Informationen zur Erhaltung ihres Selbstwertes vor. Denn wird eine Infomation geteilt, die nur ein Gruppenmitglied besitzt, ist es möglich, dass dieses von den anderen Mitglidern kritisiert wird (Moskaliuk, 2013).

2.2.3 Gruppendenken

Ein weiterer Parameter, der einen erheblichen Einfluss auf Gruppenentscheidungen nimmt, ist das Gruppendenken. Im theoretischen Modell zum Gruppendenken von Janis (1972, 1991) streben die Gruppenmitglieder so sehr nach einem Konsens, dass sie nicht mehr zugänglich für Alternativen sind. Die Entstehung eines übermäßigen Konsensstrebens liegt laut Janis (1972) im Ergebnis eines Prozesses, den er mit Hilfe einer fünf-stufigen Kausalkette beschreibt (vgl. Abbildung 6). Im ersten Schritt bilden Randbedingungen eine Gefahr für die Urteilsentscheidungen. Diese Bedingungen beinhalten strukturelle Defizite wie hohe Homogenität der Mitglieder, situative Merkmale wie hoher Zeitdruck oder Stress sowie eine hohe Kohäsion der Gruppe (Zusammengehörigkeitsgefühl der Gruppenmitglieder). Ist eine hoch kohäsive Gruppe mit weiteren problematischen Bedingungen (z.B. Zeitdruck) konfrontiert, führt dies im zweiten Schritt zu einem ausgeprägten Bedürfnis einzelner Mitglieder, sich der Gruppenmeinung anzupassen (*concurrence seeking*) (Giersiepen et al., 2017).

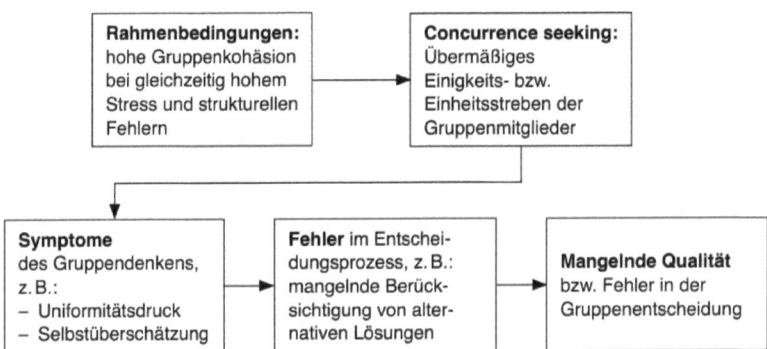

Abbildung 6: Die Kausalkette des Gruppendenkens nach Janis, 1972
(Quelle: Giersiepen et al., 2017, S. 654)

Im dritten Schritt des Modells manifestieren sich aus dem Konsensstreben Symptome wie Selbstüberschätzung, Konformitätsdruck und moralische Überlegenheit. Diese Symptome wiederum sind im vierten Schritt für Fehler im Prozess der Urteils- bzw. Entscheidungsfindung der Gruppe verantwortlich. Zu den Fehlern zählen z.B. das Ignorieren alternativer Lösungen oder ein eingeschränktes Diskussionsverhalten, indem nur bestimmte Informationen berücksichtigt werden. Im letzten Schritt resultieren die Prozessfehler in einer mangelhaften Gruppenentscheidung (Giersiepen et al., 2017).

Würde im Beispiel unter den Mitgliedern Gruppendenken entstehen, hätte dies Auswirkungen auf das ZOPA. Liegt der Konsens der Gruppe bei einer sicheren Variante (96.000€), d.h. eine Ablehnung des Kandidaten ist sehr unwahrscheinlich, da mehr geboten wird als gefordert, würde dies zu einer Einigung führen, da sich der Betrag im Verhandlungsbereich befindet. Dieser Betrag jedoch birgt das Risiko mit sich, dass damit ein großer geplanter Teil des Puffers des Unternehmens verbraucht ist. Bringt der Mitarbeiter nicht den erwarteten Erfolg oder es treten andere unvorhersehbare Situationen auf, könnte dies zu gravierenden Problemen für das Unternehmen führen.

2.2.4 Entscheidungsverweigerung

In der Gruppenentscheidungsforschung spielt die Unfähigkeit oder auch der Unwille von Gruppen, in bestimmten Situationen eine Entscheidung zu treffen, die sogenannte *indecisiveness* oder auch *decision refusal* eine entscheidende Rolle. Indecisiveness wird als das Gegenteil von Gruppendenken beschrieben, denn der Wunsch des Einzelnen nach mehr Informationen führt zu einer Blockade der Gruppenentscheidung, anstatt wie häufig für Gruppenentscheidungen üblich, aufgrund des übermäßigen normativen Einflusses verfrühten und unreflektierten Gruppenmeinungen zuzustimmen (Giersiepen et al., 2017). Beispielsweise könnte sich die Finanzabteilung wie auch IT-Abteilung einer Entscheidung entgegen stellen bis eine andere Alternative gefunden wird. Demnach ist das ZOPA nicht existent, da keine Basis für Verhandlungen besteht bis eine weitere Option verfügbar ist. Eine Indecisiveness führt in einem solchen Fall zu negativen Konsequenzen, denn eine Einstellung des neuen Mitarbeiters bliebe aus und damit verbunden wäre die Auftragslage nicht erfüllbar, was zu weiteren negativen Folgen führen würde.

Die Wahrscheinlichkeit einer Entscheidungsverweigerung in einer Gruppe wird durch die Motivation der Gruppenmitglieder erhöht (Giersiepen et al., 2017). Dreu, Nijstad und van Knippenberg (2008) unterscheiden dabei zwischen einer *epistemischen Motivation* (Streben nach einem zielgerichteten und intensiven Informationsaustausch) und einer *sozialen Motivation* (Verfolgung kooperativer vs. kompetitiver Ziele). Nijstad und Oltmanns (2012) merken an, dass die soziale Motivation keinen Einfluss auf die Indecisiveness hat, wohingegen eine hohe epistemische Motivation die Wahrscheinlichkeit einer Nichtentscheidung erhöht.

Nijstad und Kaps (2008) zeigen in ihren Studien, dass auch normative Einflussfaktoren für eine decision refusal relevant sind. Präferenzen entstehen entweder aufgrund der Attraktivität einer Option bzw. der Aversion gegen eine Option. In Gruppen mit heterogenen Präferenzen kann die Heterogenität in zwei Arten auftreten: Bei einer auf Attraktivität beruhten Diversität, ist die Konsequenz einer gemeinsamen Entscheidung, dass nicht alle Gruppenmitglieder ihre bevorzugte Option durchsetzen können. Bei einer Diversität aufgrund von Aversion dagegen heißt eine gemeinsame Entscheidung, dass einige Gruppenmitglieder eine von ihnen abgelehnte Entscheidung akzeptieren müssen. In diesem Fall ist eine Entscheidungsverweigerung deutlich häufiger. Da im gewählten Szenario eine Einstellung des Kandidaten zum Unternehmenserfolg beiträgt, liegt die Attraktivität hierbei. So wäre eine gemeinsame Entscheidung im Verhandlungsrahmen möglich, da das vom Absolventen geforderte Gehalt (95.000€) im ZOPA liegt.

22

Literaturverzeichnis

Alavoine, C. (2012). You Can't Always Get What You Want: Strategic Issues in Negotiation. *Procedia - Social and Behavioral Sciences, 58,* 665–672. https://doi.org/10.1016/j.sbspro.2012.09.1044

Bacharach, S. B. & Lawler, E. J. (1984). *Bargaining. Power, tactics, and outcomes.* San Francisco: Jossey-Bass Publ.

Backhaus, K. & Pesch, M. A. (2018). Verhandlungen – Spiegeln die Lehrbücher den Stand der Forschung wider? *Die Unternehmung, 72*(1), 3–26. https://doi.org/10.5771/0042-059X-2018-1-3

Bamberg, G., Coenenberg, A. G. & Krapp, M. (2019). *Betriebswirtschaftliche Entscheidungslehre* (Vahlens Kurzlehrbücher, 16. Auflage). München: Vahlen Franz.

Bazerman, M. H., Curhan, J. R., Moore, D. A. & Valley, K. L. (2000). Negotiation. *Annual review of psychology, 51*(1), 279–314. Zugriff am 26.07.2020. Verfügbar unter https://www.annualreviews.org/doi/abs/10.1146/annurev.psych.51.1.279

Bazerman, M. H. & Moore, D. A. (2009). *Judgment in managerial decision making* (7. ed.). Hoboken, NJ: Wiley. Retrieved from http://www.loc.gov/catdir/enhancements/fy0814/2008008490-d.html

Bazerman, M. H. & Neale, M. A. (1992a). Negotiator cognition and rationality: A behavioral decision theory perspective. *Organizational behavior and human decision processes, 51*(2), 157–175.

Bazerman, M. H. & Neale, M. A. (1992b). Negotiator rationality and negotiator cognition: The interactive roles of prescriptive and descriptive research. *Negotiation Analysis.*

Bazerman, M. H. & Neale, M. A. (1993). *Negotiating rationally.* New York, NY: Free Press.

Bierhoff, H.-W., Frey, D., Birbaumer, N.-P., Kuhl, J., Schneider, W. & Schwarzer, R. (Hrsg.). (2017). *Kommunikation, Interaktion und soziale Gruppenprozesse. Herausgegeben von Prof. Dr. Hans-Werner Bierhoff, Bochum, Prof. Dr. Dieter Frey, München* (Enzyklopädie der Psychologie Theorie und Forschung Sozialpsychologie, Band 3, 1. Auflage). Göttingen: Hogrefe.

Bowley, A. L. (1928). Bilateral Monopoly. *The Economic Journal, 38*(152), 651. https://doi.org/10.2307/2224123

Brauer, M., Judd, C. M. & Gliner, M. D. (1995). The effects of repeated expressions on attitude polarization during group discussions. *Journal of personality and social psychology, 68*(6), 1014–1029.

Burnstein, E. & Vinokur, A. (1977). Persuasive argumentation and social comparison as determinants of attitude polarization. *Journal of Experimental Social Psychology, 13*(4), 315–332. https://doi.org/10.1016/0022-1031(77)90002-6

Donohue, W. A. & Ramesh, C. N. (1992). Negotiator-opponent relationships. *Communication and negotiation*, 209–232.

Douglas, A. (1962). *Industrial peacemaking*: Columbia University Press.

Dreu, C. K. W. de, Nijstad, B. A. & van Knippenberg, D. (2008). Motivated information processing in group judgment and decision making. *Personality and social psychology review, 12*(1), 22–49.

Edgeworth, F. Y. (1881). *Mathematical psychics: An essay on the application of mathematics to the moral sciences*: Kegan Paul.

Fisher, R., Ury, W. & Patton, B. M. (2015). *Das Harvard-Konzept. Die unschlagbare Methode für beste Verhandlungsergebnisse* (25., überarb. Aufl.). Frankfurt am Main: Campus-Verl. Verfügbar unter http://gbv.eblib.com/patron/FullRecord.aspx?p=4528663

Fisher, R., Ury, W., Patton, B. M. & Raith, W. (2013). *Das Harvard-Konzept. Der Klassiker der Verhandlungstechnik* (24., überarb. und aktualisierte Neuausg). Frankfurt am Main: Campus-Verl.

Franke, N. (2002). *Realtheorie des Marketing. Gestalt und Erkenntnis* (Die Einheit der Gesellschaftswissenschaften, Bd. 124). Zugl.: München, Univ., Habil.-Schr., 2001. Tübingen: Mohr Siebeck.

Giersiepen, A., Wanzel, S. & Schulz-Hardt, S. (2017). Entscheidungsprozesse in Gruppen. In H.-W. Bierhoff, D. Frey, N.-P. Birbaumer, J. Kuhl, W. Schneider & R. Schwarzer (Hrsg.), *Kommunikation, Interaktion und soziale Gruppenprozesse. Herausgegeben von Prof. Dr. Hans-Werner Bierhoff, Bochum, Prof. Dr. Dieter Frey, München* (Enzyklopädie der Psychologie Theorie und Forschung Sozialpsychologie, Band 3, 1. Auflage, S. 635–666). Göttingen: Hogrefe.

Gimpel, H. (2006). *Possession, obsession, and concession-preferences and attachment in negotiations*. Dissertation, Fakultät für Wirtschaftswissenschaften. Karlsruhe.

Greenhalgh, L., Neslin, S. A. & Gilkey, R. W. (1985). The Effects Of Negotiator Preferences, Situational Power, And Negotiator Personality On Outcomes Of Business Negotiations. *Academy of Management Journal, 28*(1), 9–33. https://doi.org/10.5465/256058

Gulliver, P. H. (1979). *Disputes & negotiations: A cross-cultural perspective*. New York: Academic Press.

Harsanyi, J. C. (1995). Games with incomplete information. *The American Economic Review, 85*(3), 289–303.

Helm, R. & Steiner, M. (2008). *Präferenzmessung. Methodengestützte Entwicklung zielgruppenspezifischer Produktinnovationen* (1. Aufl.). Stuttgart: Kohlhammer Verlag. Verfügbar unter http://gbv.eblib.com/patron/FullRecord.aspx?p=1925335

Herbst, U. (2007). *Präferenzmessung in industriellen Verhandlungen* (Business-to-Business-Marketing, 1. Aufl.). Wiesbaden: Deutscher Universitäts-Verlag. Verfügbar unter http://gbv.eblib.com/patron/FullRecord.aspx?p=749148

Holler, M. J., Illing, G. & Napel, S. (1991). *Einführung in die Spieltheorie*: Springer.

Isenberg, D. J. (1986). Group polarization: A critical review and meta-analysis. *Journal of personality and social psychology, 50*(6), 1141–1151.

Janis, I. L. (1972). *Victims of groupthink: A psychological study of foreign-policy decisions and fiascoes*. Boston: MA: Houghton Mifflin.

Janis, I. L. (1991). Groupthink. In E. Griffin (Hrsg.), *A First Look at Communication Theory* (S. 235–246). New York: McGraw-Hill.

Jellison, J. M. & Riskind, J. (1971). Attribution of risk to others as a function of their ability. *Journal of personality and social psychology, 20*(3), 413–415. https://doi.org/10.1037/h0031934

Jung, S. & Krebs, P. (2016). *Die Vertragsverhandlung. Taktische, strategische und rechtliche Elemente*. Wiesbaden: Gabler. https://doi.org/10.1007/978-3-658-11204-2

Kaiser, F.-J. & Brettschneider, V. (2001). Entscheidungsprozesse in Kleingruppen im Rahmen der Fallstudienarbeit. In K. Beck & V. Krumm (Hrsg.), *Lehren und Lernen in der beruflichen Erstausbildung* (S. 209–229). Wiesbaden: VS Verlag für Sozialwissenschaften. https://doi.org/10.1007/978-3-663-10645-6_10

Keeney, R. L. & Raiffa, H. (1991). Structuring and analyzing values for multiple-issue negotiations. *Negotiation Analysis*, 113–151.

König, O. & Schattenhofer, K. (2020). *Einführung in die Gruppendynamik* (Carl-Auer Compact, 10. überarbeitete).

Kreggenfeld, U. (2015). *Erfolgreich systemisch verhandeln. Ganzheitliche Verhandlungsstrategien – Checklisten – Anwendungsbeispiele*. Wiesbaden: Springer.

Lax, D. A. & Sebenius, J. K. (1987). *Manager as negotiator*: Simon and Schuster.

Lewicki, R. J., Barry, B. & Saunders, D. M. (2016). *Essentials of negotiation* (Sixth Edition). New York, NY: McGraw-Hill Education.

Menkel-Meadow, C. J. & Schneider, A. K. (2014). *Negotiation: Processes for Problem Solving*: Wolters Kluwer. Verfügbar unter https://books.google.de/books?id=Rp_fDgAAQBAJ

Moscovici, S. & Zavalloni, M. (1969). The group as a polarizer of attitudes. *Journal of personality and social psychology, 12*(2), 125–135.

Moskaliuk, J. (2013). *wissensdialoge.de | Psychologisches Wissen für die Praxis. Warum Gruppen falsch entscheiden* (95 Aufl.), https://wissensdialoge.de/hidden_profile. wissens.blitz. Zugriff am 19.08.2020. Verfügbar unter https://wissensdialoge.de/hidden_profile/

Mussweiler, T. & Galinsky, A. D. (2002). Strategien der Verhandlungsführung: Der Einfluss des ersten Gebotes. *Wirtschaftspsychologie Heft 2/2002*, 21–27.

Neumann, J. von & Morgenstern, O. (2007). *Theory of games and economic behavior (commemorative edition)*: Princeton university press.

Nijstad, B. A. & Kaps, S. C. (2008). Taking the easy way out: preference diversity, decision strategies, and decision refusal in groups. *Journal of Personality and Social Psychology, 94*(5), 860–870. https://doi.org/10.1037/0022-3514.94.5.860

Nijstad, B. A. & Oltmanns, J. (2012). Motivated information processing and group decision refusal. *Group Processes & Intergroup Relations, 15*(5), 637–651.

Odell, J. S. (2002). Creating Data on International Negotiation Strategies, Alternatives and Outcomes. *International Negotiation, 7*(1), 39–52. https://doi.org/10.1163/157180602401262410

Pruitt, D. G. & Carnevale, P. J. (1993). Negotiation in social conflict. Buckingham. *Open University Press. Putnam, LL, & Wilson, CE.(1982). Communication strategies in organizational conflicts: Reliability and validity of a measurement. In M. Burgoon (Ed.), Communication yearbook, 6*, 368–376.

Putnam, L. & Holmer, M. (1992). Framing, Reframing, and Issue Development. In L. L. Putnam (Ed.), *Communication and negotiation* (Sage annual reviews of communication research, vol. 20, pp. 128–155). Newbury Park, Calif.: Sage. https://doi.org/10.4135/9781483325880.n7

Raiffa, H. (1982). *The art and science of negotiation. How to resolve conflicts and get the best out of bargaining* (17. print). Cambridge, Mass.: Harvard Univ. Press.

Raiffa, H., Richardson, J. & Metcalfe, D. (2007). *Negotiation analysis. The science and art of collaborative decision making* (1st Harvard University Press paperback edition). Cambridge, Massachusetts: The Belknap Press of Harvard University Press.

Reiser, A. (2013). *Entscheidungsunterstützung in elektronischen Verhandlungen. Eine Analyse unter besonderer Berücksichtigung von unvollständigen Informationen.* Zugl.: Hohenheim, Univ., Diss., 2012. Wiesbaden: Springer Gabler.

Rubin, J. Z. & Brown, B. R. (2013). *The social psychology of bargaining and negotiation*: Elsevier.

Saner, R. (1997). Verhandlungstechnik. *Haupt, Bern, Stuttgart, Wien.*

Schelling, T. C. (1980). *The strategy of conflict*: Harvard university press.

Schulz-Hardt, S. & Mojzisch, A. (2012). How to achieve synergy in group decision making: Lessons to be learned from the hidden profile paradigm. *European Review of Social Psychology, 23*(1), 305–343. https://doi.org/10.1080/10463283.2012.744440

SlideOcean. (2019). *BATNA Negotiation Diagram*. Zugriff am 27.07.2020. Verfügbar unter https://www.slideocean.com/downloads/batna-negotiation-diagram/

Stasser, G. & Titus, W. (1985). Pooling of unshared information in group decision making: Biased information sampling during discussion. *Journal of personality and social psychology, 48*(6), 1467–1478. https://doi.org/10.1037/0022-3514.48.6.1467

Stoner, J. A. F. (1961). *A comparison of individual and group decisions involving risk*. Massachusetts Institute of Technology.

Thompson, L. & Hastie, R. (1990). Social perception in negotiation. *Organizational behavior and human decision processes, 47*(1), 98–123.

Thompson, L. L. (2020). *The mind and heart of the negotiator* (Seventh edition) [New York]: Pearson.

Vinokur, A. & Burstein, E. (1974). Effects of partially shared persuasive arguments on group-induced shifts: A group-problem-solving approach. *Journal of personality and social psychology, 29*(3), 305–315. https://doi.org/10.1037/h0036010

Voeth, M. & Herbst, U. (2015). *Verhandlungsmanagement. Planung, Steuerung und Analyse* (2. völlig neu bearb. Auflage). s.l.: Schäffer-Poeschel Verlag. Verfügbar unter http://gbv.eblib.com/patron/FullRecord.aspx?p=4341381

Wallihan, J. (1998). Negotiating to Avoid Agreement. *Negotiation Journal, 14*(3), 257–268. https://doi.org/10.1111/j.1571-9979.1998.tb00164.x

Walton, R. E. (1965). *RB Mckersie—A Behavioral Theory of Labor Negotiation*ll: New York: McGraw-Hill.

Weber, E. U. & Johnson, E. J. (2006). Constructing preferences from memory. *The Construction of Preference, Lichtenstein, S. & Slovic, P.,(eds.)*, 397–410.

Weingart, L. R., Brett, J. M., Olekalns, M. & Smith, P. L. (2007). Conflicting social motives in negotiating groups. *Journal of personality and social psychology, 93*(6), 994–1010.

Abkürzungsverzeichnis

BATNA   Best Alternative To a Negotiated Agreement

BDR   Behavorial Decision Research

ZOPA   Zone of possible agreement

Abbildungsverzeichnis